Klaus-Peter Wolf

Kleine LESETIGER

Rittergeschichten

Illustriert von Katja Kersting

Loewe

Der Umwelt zuliebe ist dieses Buch auf chlorfrei gebleichtem Papier gedruckt.

ISBN 3-7855-4155-4 – 2. Auflage 2004
© 2002 Loewe Verlag GmbH, Bindlach
Umschlagillustration: Katja Kersting
Reihengestaltung: Angelika Stubner
Gesamtherstellung: L.E.G.O. S.P.A., Vicenza
Printed in Italy

www.loewe-verlag.de

Inhalt

Drachentöter 8

Die Bärenhöhle 16

Der Winter kam zu früh 25

Der Schwarze Krieger 35

Drachentöter

Lea isst am liebsten
gegrillte Drachenschwänze.
Sie röstet sie selbst über dem Feuer.

Leas Papa ist so mutig,
dass er von allen Rittern
die meisten Drachenschwänze erbeutet.

Lea darf nie mit auf die Drachenjagd.
Es ist zu gefährlich.
Dabei würde sie ihren Vater
so gerne begleiten.

Dann würde Lea wie Papa
eine laut klappernde Rüstung tragen.

Heute zieht Lea einfach alleine los.
Sie will einen Drachenschwanz
erbeuten.

Gleich am Berg liegt ein Drache
und schläft. Lea schleicht sich an.
„Wie macht Papa das nur?", denkt Lea.
Seine Rüstung klappert doch so laut!

Der Drache hebt den Kopf.
Aber er hat Lea nicht bemerkt.
Er kratzt sich nur hinterm Ohr.

„Den ganzen Drachen kann ich
sowieso nicht tragen", denkt Lea.
„Ich nehme nur die Spitze vom Schwanz.
Die schmeckt am besten."

11

Lea hebt ihr Beil
und holt weit aus.

Da klappert eine alte Rüstung.
Es ist Leas Papa.

„Halt!", ruft er. „Halt!"

Papa reißt Lea an sich
und rennt los.

Lea zappelt in Papas Armen.
„Lass mich los!
Ich will den Drachenschwanz haben!"
Aber Papa drückt Lea fest an sich.

Erst am Fluss lässt er Lea runter.
„Puh, das ist noch mal gut gegangen!",
keucht er. „Mach so was nie wieder!"

Lea versteht das nicht.
„Aber du gehst doch
auch auf Drachenjagd!"

Papa schaut zerknirscht und gesteht:
„Ich habe nie mit Drachen gekämpft."

Er zeigt Lea ein paar Wurzeln.
„Das waren meine Drachenschwänze." 15

Die Bärenhöhle

Der kleine Ritter Kurt spielte
am liebsten mit seinem Teddybären.

Seine Freunde raubten Vogeleier
oder ärgerten schlafende Drachen.
Kurt kuschelte mit seinem Teddy.

Oft wurde der kleine Ritter Kurt
von den anderen Rittern ausgelacht.

Sie nannten ihn „Baby" und riefen:
„Du wirst nie erwachsen!"

17

Aber das stimmte nicht.
Er wurde groß. Sehr groß.
Seinen Teddy hatte er immer noch lieb.

In einem schönen Sommer
wurde ein Königssohn geboren.
Aus lauter Freude machte der König
all seinen Rittern Geschenke.

Einige Ritter erhielten neue Rüstungen.
Andere scharfe Schwerter.

Kurt bekam einen bunten Strampler
für seinen Teddy.
Wieder lachten alle über Kurt.

Der Königssohn wuchs schnell.
Er durfte nie mit Teddybären spielen.
Denn er sollte nicht so werden wie Kurt.

Aber er liebte Teddys,
weil sie so niedlich sind.

Als er im Wald kleine Bären sah,
spielte er mit ihnen.
Einen der kleinen Bären
wollte er mit nach Hause nehmen.

Da wurde die Bärenmutter sehr böse.
Sie packte den Königssohn mit ihren
Zähnen und trug ihn in ihre Höhle.

Sie ließ ihn nicht mehr heraus.
Der Königssohn schrie um Hilfe,
aber niemand traute sich in die Höhle.

Nur Kurt war bereit,
es zu wagen.
Er nahm kein Schwert mit.

Nur seinen Teddy.
Die Bärenmutter fand
den kleinen Teddy süß.

23

Sie leckte ihm über die Ohren.
Sie sah Kurt an,
wie eine Mutter eine andere ansieht.

Sie ließ den Königssohn gehen.
Und nie wieder lachte jemand
über den tapferen Ritter Kurt.

Der Winter kam zu früh

Es schneite schon seit Tagen.
Die Kinder liefen Schlittschuh.

Die Burg
versank im Schnee.
Die hungrigen Wölfe
heulten in der Nacht.

Ritter Klaus hatte eine Grippe.
Er fror, wie alle in der Burg,
denn das Holz wurde knapp.

Gern hätten die Knechte
Holz im Wald geschlagen.

Doch der Schnee war viel zu hoch.
Die Pferdewagen blieben stecken.

Die Knechte versuchten,
den Weg freizuschaufeln.
Aber es schneite zu heftig.

In der Burg hustete Ritter Klaus:
„Was sollen wir nur tun?"

Seine Tochter Klara wusste Rat.
„Wir könnten doch einfach
einige Möbel zerhacken!"

Ritter Klaus wurde ohnmächtig.
Das war nicht so schlimm.
Er lag ja im Bett.

Sofort begann Klara
mit der Arbeit.

Das Beil sauste durch die Luft –
und schon hatte der Tisch
nur noch drei Beine.

Ritter Klaus schnarchte.
Und Klara holte
noch mehr Möbel zum Zerhacken.

Von dem Lärm angelockt,
liefen die Mägde und Knechte
in den großen Saal.

„Klara ist verrückt geworden!",
riefen alle gleichzeitig.
„Die schönen Sachen!"

31

Aber Ritter Klaus sollte nicht frieren!
Ein Knecht schleppte sogar
seinen Lieblingsstuhl herbei.

Dann machte Klara mit dem Holz
im Kamin ein schönes Feuer.
Das wärmte ganz wunderbar.

Plötzlich fanden alle
Klaras Idee gut.

Auch Ritter Klaus.
Denn als er aufwachte,
war es schön warm in der Burg.

33

Als der Schnee geschmolzen war,
hackten die Knechte dann wieder Holz.
Diesmal aber im Wald.

Für neue Möbel – versteht sich.

Der Schwarze Krieger

Vor langer Zeit lebte ein starker Ritter.
Er wurde von allen nur
der Schwarze Krieger genannt.
Denn er war böse und gemein.

35

Eines Tages ritt er auf ein kleines Dorf zu.
„Rette sich, wer kann!",
riefen die Menschen
und versteckten sich voller Angst.

Das gefiel dem Schwarzen Krieger.

Er drohte mit dunkler Stimme:
„Morgen komme ich wieder!
Dann will ich
gegen eure tapfersten Ritter kämpfen.
Sonst nehme ich alles mit,
was euch lieb und teuer ist!"

Da waren die Menschen ratlos.

Niemand traute sich, gegen den
Schwarzen Krieger zu kämpfen.
Denn er sah so furchtbar aus.

In ihrer Not schickten die Leute
Lars zum Kampf. Lars war mutig,
konnte aber nicht so gut sehen.

Sie sagten ihm nicht,
dass der Schwarze Krieger
so Furcht erregend aussah.
Sie baten ihn einfach,
auf dem Hügel Wache zu halten.

Lars stimmte zu.
Er freute sich,
endlich wieder reiten zu dürfen.

Als der Schwarze Krieger
am nächsten Tag zum Hügel kam,
staunte er nicht schlecht.

Dort ritt ein Mann ohne Rüstung
immer im Kreis.
Er wedelte mit Zweigen und rief:
„Huh!" und „Buh!"

Der Schwarze Krieger
schwang sein Schwert
dicht vor den Augen von Lars.

Der wedelte weiter mit den Zweigen
und rief: „Huh!" und „Buh!"

„Warum fürchtest du dich nicht?",
fragte der Schwarze Krieger.

„Ich sehe nichts,
wovor ich Angst haben müsste",
antwortete Ritter Lars.

Noch nie hatte der Schwarze Krieger
einen so furchtlosen Mann gesehen.
Er wagte nicht, gegen ihn zu kämpfen.
Er floh und kehrte nie wieder zurück.

Klaus-Peter Wolf wurde 1954 in Gel-
senkirchen geboren. Er arbeitete
nach dem Abitur bei einer Lokal-
zeitung, organisierte ein Jugend-
heim und vagabundierte als
zaubernder Clown kreuz und quer durch
Europa. Dabei schrieb er immer mehr Geschichten über
sich und seine Freunde, die immer mehr Leser fanden.
Inzwischen erhielt er zahlreiche Preise für seine Bücher,
zum Beispiel den Anne-Frank-Anerkennungspreis.

Katja Kersting wurde 1971 in
Dülmen geboren und hat in
Münster Grafik-Design studiert.
Sie illustrierte bereits während
ihres Studiums Kinderbücher und
arbeitet seit ihrem Diplom als
freie Illustratorin für Kinder- und
Jugendbuchverlage.

Erster Leseerfolg mit dem

LESETIGER

Kleine Bildergeschichten zum ersten Lesen

Loewe